Santoshi Mata Vrat

Illustrations: Sujata Saha

Publisher: DivineBharat

For permissions, bulk orders, or other inquiries, please contact:

info.divinebharat@gmail.com

www.divinebharat.co

ISBN: 978-93-343-4971-9

Designed, Illustrated, and Edited by Sujata Saha

Published by DivineBharat

Contents

Introduction

Santoshi Mata, revered as the **Goddess of Satisfaction and Contentment**, is a beloved deity in many Hindu households. Although her origins are not found in ancient Puranic texts, her presence in the hearts of devotees is powerful and widespread—thanks to faith, tradition, and the spiritual power of her worship. She is popularly regarded as the daughter of **Lord Ganesha**, born to fulfill the desire of his sons, Shubh and Labh, who longed for a sister.

The **Santoshi Mata Vrat** is a sacred observance practiced with deep devotion, especially by women seeking peace, prosperity, and happiness in their lives. This vrat is observed on **sixteen consecutive Fridays** (Shukravar) and is rooted in simplicity, discipline, and faith. During the fast, devotees abstain from sour foods, perform puja with **gur-chana (jaggery and roasted gram)**, read or listen to the **Santoshi Mata Vrat Katha**, and seek the goddess's blessings for their heartfelt wishes.

This book is a complete and easy-to-follow guide to the **Santoshi Mata Vrat**, including the proper **fasting procedure**, **required materials**, **detailed vrat katha**, **rules**, and **Udyapan (concluding ceremony)**. Whether you are observing the vrat for the first time or have been a long-time devotee, this guide will help you perform each step with clarity and devotion.

Let us surrender to the compassionate embrace of Maa Santoshi, and through this vrat, invite **inner peace, divine grace, and fulfillment** into our lives.

Items Required

To perform the **Santoshi Mata Vrat** with devotion and completeness, gather the following items:

For Puja Setup:

- **Picture or idol** of Santoshi Mata
- A clean **wooden platform (chauki)** or cloth for placing the idol
- **Kalash (water pot)** filled with clean water
- **Deepak (lamp)** – preferably of ghee
- **Agarbatti (incense sticks)**
- **Flowers and garlands** (fresh and fragrant)
- **Roli or Kumkum** (vermilion)
- **Akshat** (unbroken rice)
- **Moli** (sacred red thread)
- **Panchpatra and spoon** (for offering water)
- **Sandalwood paste** (chandan)
- **Small bell (ghanti)**
- **Camphor** for aarti

For Bhog (Offering):

- **Gur (jaggery)** – preferably uncut or in chunks
- **Chana (roasted black gram)** – unsalted
- **Bananas** or **seasonal fruits** (optional, but can be offered)
- **Dry coconut** (optional)

Note: Sour items like lemon, curd, tamarind, pickles, or tomatoes must not be used in any form during the vrat or as offerings by devotee and the family.

For Vrat Katha and Aarti:

- A printed or handwritten **Santoshi Mata Vrat Katha Book**

For Prasad Distribution:

- **Clean plates or bowls** for serving gur-chana to family members
- **Kalash water** to sprinkle around the home after the puja

For Udyapan (on 16th Friday or wish fulfillment):

- Ingredients for preparing:
- **Khaja or Poori**
- **Chana sabzi** (made without onion, garlic, or sour items)
- **Kheer**
- Arrangement for feeding **8 boys** (preferably from family or neighborhood)
- **Fruits or bananas**
- **Dakshina** (token money offering)
- Clean utensils and place for serving food

Procedure for Santoshi Mata Vrat

The **Santoshi Mata Vrat** is observed every **Friday** with devotion and simplicity. The vrat continues for **16 consecutive Fridays**, or until the devotee's wish is fulfilled.

1. Early Morning Preparation

- Wake up **before sunrise**.
- Take a **bath**, wear **clean clothes**, and purify your puja space.
- Set up a **clean wooden platform (chauki)** or cloth on the floor in a peaceful corner of your home.
- Place a **picture or idol of Santoshi Mata** on the platform.

2. Puja Setup

Arrange all the required puja items near you:

- Kalash filled with water
- Ghee deepak (lamp)
- Gur and chana for bhog
- Flowers, akshat, kumkum, agarbatti, bell

3. Worship Ritual (Puja Vidhi)

- Light the **ghee lamp** and **incense sticks**.
- Sprinkle a little water to purify the space.
- Apply **kumkum and akshat** to Santoshi Mata's picture or idol.
- Offer **flowers and garlands** with devotion.
- Place **gur and chana** as bhog in front of the goddess.

- Fold your hands and recite prayers or simply chant:

"Om Santoshi Mata Namah"

- Perform **aarti** with camphor or ghee lamp.
- Then, **read or recite the full Santoshi Mata Vrat Katha** and **Arati** with concentration and faith.

4. Distribution of Prasad

- Offer **gur-chana** as **prasadam** to all family members or neighbors.
- Sprinkle **Kalash water** throughout the house to purify and invite blessings.

5. Fasting Guidelines

- Only **one meal** should be taken on the day of the vrat.
- **Do not consume or serve sour items** like lemon, curd, tamarind, tomatoes, pickles, etc.
- Prefer a simple **satvik meal** (e.g., fruits, milk, roti-sabzi without onion-garlic or sourness).
- Maintain **positive speech**, a **clean home**, and **avoid arguments or hurting others**.

7. Udyapan (Conclusion of the Vrat)

When your vow is fulfilled or after 16 Fridays, perform the **Udyapan** (concluding ritual):

- Prepare a simple meal of **khaja or poori**, **chana sabzi**, and **kheer**.
- Invite and serve food to **8 boys** (preferably from your family, neighborhood, or relatives).
- Do **not serve or include sour items** in this meal.

• Give **each child a fruit (usually banana)** and **dakshina**.

• Offer prayers to Santoshi Mata with gratitude.

• Only then, you and your family may eat.

Santoshi Mata Vrat Katha

Ek budhiya thi, uske saat bete the. Cheh kamaane wale the jabki ek nikkamma tha. Budhiya chhahon beto ki rasoi banati, bhojan karati aur unse jo kuchh jhoothan bachti, vah saatve ko de deti.

Ek din vah apni patni se bola — dekho meri maa ko mujh par kitna prem hai.
Patni boli — kyun nahi, sabka jhootha jo tumko khilati hai.
Vah bola — aisa nahi ho sakta. Main jab tak aankhon se na dekh loon, maan nahi sakta.
Bahuu hans kar boli — dekh loge tab to maanoge.

Kuchh din baad tyohaar aaya. Ghar mein saat prakaar ke bhojan aur choorme ke laddoo bane. Vah jaanchne ke liye sir dukhne ka bahaana kar patla vastra sir par odh rasoighar mein so gaya. Kapde ke beech se sab dekhne laga. Chhahon bhai bhojan karne aaye. Usne dekha maa ne unke liye sundar aasan bichhaya, naana prakaar ki rasoi parosi, aur aagrah kar ke unhe jamaaya.wah dekhta raha.

Chhahon bhojan kar ke uthe to maa ne unki jhoothi thaaliyon mein se laddoo ke tukde uthaakar ek laddoo banaya. Jhoothan saaf kar budhiya maa ne use pukaara — beta, chhahon bhai bhojan kar gaye, ab tu hi baaki hai, uth tu kab khayega?
Vah kehne laga — maa mujhe bhojan nahi karna, main ab pardes ja raha hoon.
Maa boli — kal jaata ho to aaj chala ja.
Vah bola — haan, aaj hi ja raha hoon. Yeh kehkar vah ghar se nikal gaya.

Saatve bete ka pardes jaana

Chalte samay patni ki yaad aa gayi. Vah gaushala mein kande thaap rahi thi.
Vahaan jaakar bola:
"Hum jaave pardes aavenge kuchh kaal,
Tum rahiye santosh se dharm aapno paal."

Patni boli:
"Jaao piya aanand se hamaro soch hataay,
Ram bharose hum rahen Ishwar tumhe sahaay.
Do nishaani aapan dekh dharun mein dheer,
Sudhi mati hamaari bisariyo, rakhiyo man gambhir."

Vah bola — mere paas to kuchh nahi, yeh angoothi hai so le lo. Apni kuchh nishani mujhe do.
Vah boli — mere paas kya hai, yeh gobar bhara haath hai. Yeh kehkar uski peeth par gobar ka haath maar diya. Vah chala gaya. Chalte-chalte door desh pahunch gaya.

Pardesh mein naukri

Vahan ek sahukaar ki dukaan thi. Vahan jaakar kehne laga – Bhai mujhe naukri par rakh lo.
Sahukaar ko zaroorat thi, bola – Rah ja.
Ladke ne poochha – Tankha kya doge?
Sahukaar ne kaha – Kaam dekh kar daam milenge.
Sahukaar ki naukri mili, vah subah 7 baje se 10 baje tak naukri bajaane laga.
Kuchh dino mein dukaan ka saara len-den, hisaab-kitaab, graahakon ko maal bechna saara kaam karne laga.
Sahukaar ke saat-aath naukar the, ve sab chakkar khane lage, yah to bahut hoshiyaar ban gaya.

Seth ne bhi kaam dekha aur teen mahine mein hi use aadhe munafe ka hissa daar bana liya. Vah kuchh varsh mein hi naami Seth ban gaya aur malik saara kaarobaar uspar chhodkar chala gaya.

Pati ki anupasthiti mein saas ka atyaachaar

Idhar uski patni ko saas-sasur dukh dene lage, saari grihasthi ka kaam karaake use lakdi lene jangal mein bhejte. Is beech ghar ke aate se jo bhoosi nikalti uski roti banakar rakh di jaati aur foote naariyal ki nareli mein paani. Ek din vah lakdi lene ja rahi thi, raaste mein bahut si striyan Santoshi Mata ka vrat karti dikhayi di.

Santoshi Mata ka Vrat

Vah vahan khadi hokar katha sunne lagi aur poochha – "Bahino, tum kis devta ka vrat karti ho aur uske karne se kya phal milta hai? Yadi tum is vrat ka vidhan mujhe samjha kar kahoge to main tumhara bada ehsaan maanoongi."

Tab unme se ek stri boli – "Suno, yah Santoshi Mata ka vrat hai. Iske karne se nirdhanta, daridrata ka naash hota hai aur jo kuchh man mein kaamna ho, sab Santoshi Mata ki kripa se poori hoti hai." Tab usne usse vrat ki vidhi poochhi.

Santoshi Mata Vrat Vidhi

Vah bhaktin stri boli – "Sawa ane ka gud chana lena, ichchha ho to sawa paanch aane ka lena ya sawa rupaye ka bhi ban pade savaaya lena. Pratyek Shukravaar ko niraahaar rah kar katha sunna, iske beech kram toote nahi, lagataar niyam paalan karna. Sunne wala koi na mile to ghee ka deepak jala uske aage ya jal ke paatra ko saamne rakh kar katha kehna. Jab kaarya siddh na ho to niyam ka paalan karna aur kaarya siddh ho jaane par vrat ka udyapan karna. Teen maas mein Mata phal poora karti hai. Yadi kisi ke grah khote bhi hon, to bhi Mata varsh bhar mein kaarya siddh karti hai, phal siddh hone par udyapan karna chahiye beech mein nahi. Udyapan mein adhai ser aate ka khaja tatha isi parimaan se kheer tatha chane ka saag karna. Aath ladkon ko bhojan karana, jahan tak milen – devar, jeth, bhai-bandhu ke hoon, na milen to rishtedaron aur paas-padosiyon ko bulana. Unhein bhojan kara yatha shakti dakshina de Mata ka niyam poora karna. Us din ghar mein khatai na khana."

Yah sun budhiya ke ladke ki bahu chal di.

Vrat ka pran karna aur Maa Santoshi ka darshan dena

Raste mein lakdi ke bojh ko bech diya aur un paison se gud-chana le Mata ke vrat ki tayyari kar aage chali aur saamne mandir dekhkar poochhne lagi – "Yah mandir kiska hai?"

Sab kehne lage – "Santoshi Mata ka mandir hai." Yah sunkar Mata ke mandir mein jaakar charanon mein lotne lagi. Deen ho vinati karne lagi – "Maa, main nipat agyaani hoon, vrat ke kuchh bhi niyam nahi jaanti, main dukhhi hoon. He Mata! Jagat Janani, mera dukh door kar, main teri sharan mein hoon."

Mata ko daya aayi

Ek Shukravaar beeta ki doosre ko uske pati ka patra aaya, aur teesre Shukravaar ko uska bheja hua paisa aa pahunchaa. Yah dekh jeth-jethani muh sikodne lage. Ladke taane dene lage – "Kaki ke paas patra aane lage, rupaya aane laga, ab to kaki ki khaatir badhegi."

Bechari saralta se kehti – "Bhaiya, kaagaz aave, rupaya aave, hum sab ke liye achha hai."
Aisa kehkar aankhon mein aansu bhar kar Santoshi Mata ke mandir mein aa, Mateshwari ke charanon mein girkar rone lagi.

"Maa, maine tumse paisa kab maanga hai? Mujhe paise se kya kaam hai. Mujhe to apne suhaag se kaam hai. Main to apne swami ke darshan maangti hoon."

Tab Mata ne prasann hokar kaha – "Ja beti, tera swami aayega."

Yah sunkar khushi se baawli hokar ghar mein jaa kaam karne lagi.
Ab Santoshi Maa vichaar karne lagi – "Is bholi putri ko maine keh to diya ki tera pati aayega, lekin kaise? Vah to ise swapn mein bhi yaad nahi karta."

Use yaad dilane ko mujhe hi jana padega. Is tarah Mata ji us budhiya ke bete ke paas ja swapn mein prakat ho kahne lagi – "Sahukaar ke bete, so raha hai ya jagta hai?"
Vah kahne laga – "Mata, sota bhi nahin, jagta bhi nahin hoon, kaho kya aagya hai?"
Maa kahne lagi – "Tere ghar-baar kuch hai ki nahin?"
Vah bola – "Mere paas sab kuch hai – maa-baap hai, bahu hai – kya kami hai?"
Maa boli – "Bhole putra, teri bahu ghor kasht utha rahi hai. Tere maa-baap use pareshani de rahe hain. Vah tere liye taras rahi hai, tu uski sudh le."
Vah bola – "Haan Mata ji, yeh to maloom hai, parantu jaun to kaise? Pardesh ki baat hai, len-den ka koi hisaab nahin, koi jaane ka raasta nahi aata, kaise chala jaun?"
Maa kahne lagi – "Meri baat maan, savere naha dho kar Santoshi Mata ka naam le,

ghee ka deepak jala dandvat kar, dukaan par ja baith."

Dekhate-dekhate saara len-den chuk jaayega, jama ka maal bik jaayega, saanjh hote-hote dhan ka bhaari dher lag jaayega.
Ab budhi ki baat maan kar vah naha dho kar Santoshi Mata ko dandvat, ghee ka deepak jala, dukaan par ja baitha.
Thodi der mein dene waale rupaya laane lage, lene waale hisaab lene lage. Kothe mein bhare saamaan ke kharidaar nakad daam de sauda karne lage. Shaam tak dhan ka bhaari dher lag gaya.
Mann mein Mata ka naam le, chamatkaar dekh prasan ho ghar le jaane ke vaaste gehna, kapda, saamaan kharidne laga. Yahan kaam se nipat turant ghar ko ravana hua.

Udhar uski patni jungle mein lakdi lene jaati hai, lautate waqt Mata ji ke mandir mein vishraam karti.
Vah to uske pratidin rukne ka jo sthaan thahra, dhool udti dekh vah Mata se poochhti hai – "He Mata! Yah dhool kaise ud rahi hai?"
Mata kehti hai – "He putri, tera pati aa raha hai. Ab tu aisa kar lakdiyon ke teen bojh bana le – ek nadi ke kinare rakh, doosra mere mandir par, teesra apne sir par."

Tere pati ko lakdiyon ka gathar dekh moh paida hoga, vah yahan rukega, nashta-pani khaa kar maa se milne jaayega.
Tab tu lakdiyon ka bojh uthakar jaana, aur chauk mein gathar daal kar zor se aawaz lagana –
"Lo saasooji, lakdiyon ka gathar lo, bhoosi ki roti do, nariyal ke khepade mein paani do, aaj mehmaan kaun aaya hai?"
Mata ji se bahut accha kehkar vah prasann mann se lakdiyon ke teen gathar banayi – ek nadi ke kinare, ek Mata ji ke mandir par rakha.

Itne mein musaafir aa pahucha. Sookhi lakdi dekh uski ichchha utpann hui ki hum yahin vishraam karein aur bhojan bana kar kha-pee kar gaon jaayein.
Isi tarah ruk kar bhojan bana, vishraam karke gaon ko gaya. Sabse prem se mila.

Usi samay sir par lakdi ka gathar liye vah utaawli si aati hai. Lakdiyon ka bhaari bojh aangan mein daal kar zor se teen aawaz deti hai –
"Lo saasooji, lakdiyon ka gathar lo, bhoosi ki roti do. Aaj mehmaan kaun aaya hai?"

Yeh sunkar uski saas baahar aakar apne diye hue kashton ko bhulaane hetu kehti hai –
"Bahu, aisa kyon kehti hai? Tera maalik hi to aaya hai. Aa baith, meetha bhaat khaa,

bhojan kar, kapde-gahne pehan."
Uski aawaz sun uska pati baahar aata hai. Angoothi dekh vyaakul ho jaata hai.

Maa se poochhta hai – "Maa, yeh kaun hai?"
Maa boli – "Beta, yeh teri bahu hai. Jab se tu gaya hai tab se saare gaon mein bhatakti phirti hai. Ghar ka kaam-kaaj kuch karti nahi, chaar peher aakar khaa jaati hai."

Vah bola – "Theek hai Maa, maine ise bhi dekha aur tumhein bhi, ab doosre ghar ki taali do, usmein rahunga."
Maa boli – "Theek hai, jaisi teri marzi."

Tab vah doosre makaan ki teesri manzil ka kamra khol, saara saamaan jamaaya. Ek din mein raja ke mahal jaisa thaat-bhaat ban gaya.
Ab kya tha? Bahu sukh bhogne lagi. Itne mein Shukravaar aaya.

Shukravaar vrat ke udyapan mein hui bhool, kiya khatai ka upyog

Usne pati se kaha – mujhe Santoshi Mata ke vrat ka udyapan karna hai.
Pati bola – khushi se kar lo. Vah udyapan ki taiyari karne lagi. Jithani ke ladkon ko bhojan ke liye kehne gayi. Unhone manzoor kiya parantu peeche se jithani ne

apne bachchon ko sikhaya – dekho, bhojan ke samay khatai maangna, jisse uska udyapan poora na ho.

Ladke jeemne aaye, kheer khana pet bhar khaya, parantu baad mein khate hi kehne lage – humein khatai do, kheer khana humko nahi bhaata, dekhkar aruchi hoti hai.
Vah kehne lagi – bhai, khatai kisi ko nahi di jaayegi. Yeh to Santoshi Mata ka prasaad hai.
Ladke uth khade hue, bole – paisa lao, bholi bahu kuch jaanti nahi thi, unhein paise de diye.
Ladke usi samay hath karke imli khatai le kar khane lage.
Yeh dekhkar bahu par Mataji ne kop kiya.
Raja ke doot uske pati ko pakad kar le gaye.
Jeth-jethani man-maane vachan kehne lage – loot-loot kar dhan ikattha kar laya hai, ab sab maaloom pad jaayega jab jail ki maar khaayega.
Bahu se yeh sahan nahi hua.

Maa Santoshi se maangi maafi

Roti hui Mataji ke mandir gayi, kehne lagi – He Mata! Tumne kya kiya, hansa kar ab bhakton ko rulaane lagi?
Mata boli – beti, tune udyapan karke mera vrat bhang kiya hai.

Vah kehne lagi – Mata, maine kuch apraadha kiya hai, maine to bhool se ladkon ko paise de diye the, mujhe kshama karo. Main phir tumhara udyapan karungi.
Maa boli – ab bhool mat karna.
Vah kehti hai – ab bhool nahi hogi, ab batlao ve kaise aavenge?
Maa boli – ja putri, tera pati tujhe raaste mein aata milega.

Vah nikli, raah mein pati aata mila.
Vah poochhi – kahaan gaye the?
Vah kehne laga – itna dhan jo kamaaya hai, uska tax Raja ne maanga tha, vah bharne gaya tha.
Vah prasann ho boli – bhala hua, ab ghar ko chalo.
Kuch din baad fir Shukravaar aaya.

Phir kiya vrat ka udyapan

Vah boli – mujhe fir Mata ka udyapan karna hai.
Pati ne kaha – karo.
Bahu fir Jeth ke ladkon ko bhojan ko kehne gayi.
Jethani ne ek do baatein sunayi aur sab ladkon ko sikhane lagi – tum sab log pehle hi khatai maangna.
Ladke bhojan se pehle kehne lage – humein kheer nahi khaani, hamara jee bigadta hai, kuch khatai khane ko do.

Vah boli – khatai kisi ko nahi milegi. Aana ho to aao.
Vah brahman ke ladke laakar bhojan karaane lagi, yatha shakti dakshina ki jagah ek-ek phal unhein diya.
Santoshi Mata prasann hui.

Santoshi Mata ka phal

Mata ki kripa hote hi navmein maas mein uske Chandrama ke samaan sundar putra praapt hua.
Putra ko paakar pratidin Mata ji ke mandir ko jaane lagi.
Maa ne socha – yeh roz aati hai, aaj kyon na iske ghar chalun.
Yeh vichar kar Mata ne bhayanak roop banaya – gud-chane se sana mukh, upar soond ke samaan hoth, us par makkhiyan bhan-bhan kar rahi thi.

Dehli par pair rakhte hi uski saas chillai – dekho re, koi chudail daakin chali aa rahi hai, ladkon ise bhagao, nahi to kisi ko kha jaayegi.
Ladke bhagaane lage, chillakar khidki band karne lage.Bahu roshandan mein se dekh rahi thi, prasannata se pagli ban chillane lagi – aaj meri Mata ji mere ghar aayi hai.
Vah bachche ko doodh peene se hataati hai. Itne mein saas ka krodh phat pada. Vah boli – kya utaawli hui hai? Bachche

ko patak diya.
Itne mein Maa ke prataap se ladke hi ladke nazar aane lage.

Vah boli – Maa, main jiska vrat karti hoon, yeh Santoshi Mata hai.

Sabne Mata ji ke charan pakad liye aur vinati kar kehne lage – He Mata! Hum moorkh hain, agyaani hain, tumhare vrat ki vidhi hum nahi jaante, vrat bhang kar humne bada apraadha kiya hai.
Jag Mata aap hamaara apraadha kshama karo.

Is prakar Mata prasann hui. Bahu ko prasann ho jaisa phal diya, vaisa Mata sabko de,
jo padhe uska manorath poorn ho.

Bolo Santoshi Mata ki Jai!

Aarati

Jai Santoshi Mata,
Maiya Jai Santoshi Mata
Apne sevak jan ki,
Sukh sampatti daata
Jai Santoshi Mata,
Maiya Jai Santoshi Mata

Sundar cheer sunahari,
Maa dhaaran keenho
Heera panna damke,
Tan shringaar leenho
Jai Santoshi Mata,
Maiya Jai Santoshi Mata

Geru laal chhata chhabi,
Badan kamal sohe
Mand hansat karunamayi,
Tribhuvan jan mohe
Jai Santoshi Mata,
Maiya Jai Santoshi Mata

Swarn sinhaasan baithi,
Chamvar dure pyaare
Dhoop deep madhu mewa,
Bhoj dhare nyaare
Jai Santoshi Mata,
Maiya Jai Santoshi Mata

Gud aru chana param priya,
Taame santosh kiyo
Santoshi kehlaayi,
Bhaktan vaibhav diyo
Jai Santoshi Mata,
Maiya Jai Santoshi Mata

Shukravaar priya maanat,
Aaj divas sohi
Bhakt mandali chhaayi,
Katha sunat mohi
Jai Santoshi Mata,
Maiya Jai Santoshi Mata

Mandir jagmag jyoti,
Mangal dhwani chhaayi
Vinay karen hum sevak,
Charanan sir naayi
Jai Santoshi Mata,
Maiya Jai Santoshi Mata

Bhakti bhaavmay pooja,
Angeekrit keejai
Jo man base hamaare,
Ichchhit phal deejai
Jai Santoshi Mata,
Maiya Jai Santoshi Mata

Dukhi daaridri rogi,
Sankat mukt kiye
Bahu dhan dhaanya bhare ghar,
Sukh saubhagya diye

Jai Santoshi Mata,
Maiya Jai Santoshi Mata

Dhyan dhare jo tera,
Vaanchhit phal paayo
Pooja katha shravan kar,
Ghar anand aayo
Jai Santoshi Mata,
Maiya Jai Santoshi Mata

Charan gahe ki lajja,
Rakhiye Jagdambe
Sankat tu hi nivaare,
Dayamayi Ambe
Jai Santoshi Mata,
Maiya Jai Santoshi Mata

Santoshi Mata ki aarti,
Jo koi jan gaave
Riddhi siddhi sukh sampatti,
Jee bhar ke paave
Jai Santoshi Mata,
Maiya Jai Santoshi Mata
Apne sevak jan ki,
Sukh sampatti daata
Jai Santoshi Mata,
Maiya Jai Santoshi Mata

Bolo Santoshi Mata ki Jai!

9 789334 349719

Printed at Repro India Ltd.